오늘의문학시인선 386

어부슴

리헌석 시집

오늘의문학사

국립중앙도서관 출판시도서목록(CIP)

어부슴 : 리헌석 시집 / 지은이: 리헌석. -- 대전 : 오늘의
문학사, 2017
p. ; cm. -- (오늘의문학시인선 ; 386)

ISBN 978-89-5669-797-0 03810 : ₩9000

한국 현대시[韓國現代詩]

811.7-KDC6
895.715-DDC23 CIP2017000651

어부슴

리헌석 시집

서문

왜 존재하는가? 어떻게 존재해야 하는가?

10대의 후반에서부터 이러한 물음은 있어왔고, 나름대로 오랜 세월을 천착해본 명제인데, 요즘에야 눈이 트이는 것도 같다. 눈이 트일 정도이지 눈이 번쩍 떠진 상태는 아니어서 답답한 것은 매한가지이다.

이러한 내 존재에 대한 시적 형성화가 「어부슴」이다.

'어부슴'은 음력 대보름날 강에 가서 조밥을 던져 굶주린 물고기가 먹게 하는 일이다.

겨우내 굶주린
물고기의 허기를 지우기 위해
시루에 익힌 조밥 몇 술 넣었다
작은 정성을 베풀면서
마음은 슬퍼져 눈물 나왔다
나는 누구의 어떤 선심에 감읍하며
시린 손으로 살고 있는가

나의 존재는 홀로만의 것일까? 수많은 '나에게 베풀어짐'과 아주 작은 '나의 베품' 속에 있는 것은 아닐까?

그래서 나는 그리워하고 안타까워하며 사랑하기도 하는 것일 게다. 내 시세계가 하나의 목적 의식에 얽매어 있지 않은 것도 이 때문이리라.

봄에 맞은 부모님의 금혼식, 6남매를 기르시며 얼마나 많이 울고 또 웃으셨을까. 세 번째 시집을 50 성상 동고동락하신 두 분께 바친다.

— 석파(石琶) 서실(書室)에서

* 1980년대의 어수선한 세상과 정서를 시로 빚어 1990년에 발간한 3시집이다. 약자에 대한 연민, 사회에 대한 비판의식, 자아의 정체성을 찾아가는 내면이 혼재된 시집이다.

* 시집을 발간한 이후, 감사하게도, 최원규 박사(충남대학교 명예교수)님께서 시집에 대한 서평을 집필해 주셨다. 《문학사랑》에 '초대 문학평론'으로 수록하였던 이 서평을 2쇄의 '해설'로 추가한 증보판(增補版)이다.

* 이 시기는 ISBN 바코드가 의무화되어 있지 않았다. 당시 권장 사항이어서, 당시 시집으로 유명(?)한 출판사에서 발간한 이 시집도 무적(無籍) 도서가 되었다. 이 시집에 '도서의 주민등록번호'를 부여하기 위해 새로 발간한다.

— 정유년 정초에 저자 손모음

| 차례 |

| 차례 |

| 차례 |

| 차례 |

1월의 사랑

잠든 영혼을 깨우며
떠오르는
날빛이게 하라

미명(未明)의 새벽길
그리움으로 별을 닦으면
어디에선가
그대 만날 수 있으리

눈꽃 아삼이는
동산을 넘어
무지개 움트는 들녘에
사랑의 지문(指紋)을 수놓으며
까치 우짖는 아침

곱고 그리운 그대를 만나
마음으로만 그리던
그대를 만나

서로의 진실을 나누리
눈시울 적시는
기쁨을 나누리

어부슴*

지등(紙燈) 불빛이 차갑다.
강심(江心) 얼음을 깨뜨렸다.
얼음 밑에는 물이 흘렀다.
겨우내 굶주린
물고기의 허기를 지우기 위해
시루에 익힌 조밥 몇 술 넣었다.
작은 정성을 베풀면서
마음은 슬퍼져 눈물 나왔다.
나는 누구의 어떤 선심에 감읍하며
시린 손으로 살고 있는가.
사방으로 둘러싸인 얼음벽에
작은 구멍을 내고
굶주린 나의 허기를 지우며
만족한 웃음을 웃는 자는 누구일까.
또 그를 길들이는 자는
과연 누구일까.
해답없이 겨울밤을 꼬박 새웠다.

* 어부슴 : 대보름날 액맥이로 조밥을 던져 굶주린 물고기가 먹게 하는 일

대왕암(大王岩)의 말씀

새 집을 지었으니
흩어진 마음을 모아
새 나라를 세웠으니
내 울타리가 되오리다

주인이야 백성인데
아무렴 백성이 주인인데
죽어도 내가 지키리다
혼백으로라도 내가 지키리다.

동해 짙푸른 해조음(海潮音)이
기쁨인 듯 소리친다.
굴사(屈寺) 발끝을 적시며
함성으로 일어선다.

문무왕 수중능에
칼끝 무지개가 선다
카랑카랑 샛된 목소리의
칼끝 무지개가 선다.

유구천(維鳩川)*에서

아직은 얼음에 묻혀 있다.
침묵의 기지개를 켜는 물풀
물풀 사이 빛살을 따라
마곡사 종소리가 겨울잠을 깨울건가.
아직은 단단한 얼음도
쩡— 쩡— 금이 가고
물살 따라 여린 지느러미가
유년의 세월을 거슬러 오를 테니,
떠나 있을 때의 그리움마냥
찾아도 설레는 마음일레.
이제 산그림자 드리우는
청명한 물결로 마음은 흐르고
흐르는 마음에 무성산을 띄워
산자락 솔바람 소리를 들으며
정녕 돌아설 줄 모른 채
냇둑 미루나무 빈 그림자로 서성이네.

* 유구천 : 충남 공주시에 있는 금강의 지류. 유구면, 신풍면, 사곡면, 우성면을 거쳐 금강에 합수.

나무의 노래

목수를 찾습니다
속속 오기로 가득 채운
나를 찍어 넘기세요.
도끼날마다 튀어나올
유년의 눈빛도 눈빛이지만
그대의 외침도 외침이지만
원시의 개울 소리를 들으며
푸른 꿈을 키웠으니,

어서 나를 찾으세요.
비바람에 흔들렸을망정
눈사태에 꽁꽁 얼었을망정
바위틈 깊숙이 뿌리 내려
오직 청청 살아서
그대의 도끼날을 기다렸으니,
안개의 짙은 늪에서도 들리는
태고의 산울림처럼 그렇게
가슴을 울리며 오세요.

그대 따뜻한 손에서라면
죽어도 끝끝내 남아서
충직한 용골이 되겠어요.
좌현, 우현 널빤지가 아니라
돛대가 아니라, 삿대가 아니라
숨 막히는 어둠 속에서
우람하게 노래 부르는
아귀찬 용골이 되겠어요.

물속에 잠긴 용골
그래요, 보아주는 사람 없어
휘날릴 깃발 접은 채
영광의 북소리 울리지 않아도
다부진 용골이 되어
질기디 질긴 용골이 되어
목쉰 노래를 부르려 했으니.

2월의 사랑

별빛 시린 밤인데
그리움 사무쳐 우는
애상(哀傷)의 밤인데

먼 하늘을 바라보며
그대 잠든
별자리를 찾노라.

수정의 눈부심으로
그대의 하얀 이마
그대의 고운 넋을 만나도

핏빛 사연일랑 잊으리.
목 메인 입맞춤일랑
내일로 미루리.

별이여
귀여운 소녀여
눈매 연연한 동백꽃이여

그대를 만나면
이월(二月)의 한밤에사
얼어도 좋아라, 반가워라.

고들빼기

아직은 이마가 시리다
어둔 계절이 물러나
꽃샘바람 스산한 하늘가

버티고 서야 하리
여린 순을 에이는 바람
고운 꽃눈을 시새는 바람
젖빛 속살을 헤살짓는 바람
바람, 바람, 바람에 맞서
투명하게 눈뜨고 살아있음을
가슴 푸르게 보여야 하리.

구름이며 천둥이 무에랴!
산하에 들녘에 속속 뿌리 내려
아픔일랑 톱니 이파리로 삭이며
여름,
가을,
꽃으로 웃으리.

사관(史官)의 붓

제발 떨지 말라.
떨리는 손이
그대의 양심을 흔들지라도
어제의 일기도를 보며
오늘을 조감하는 그대여,
내일 날씨를 점치면서
제발 떨지 말라.
오늘의 추위가
오오 극성을 부릴지라도
오오 지심까지야 얼리겠느냐.
다가올 봄을 기다리며
눈물의 끝을 매김하는 그대여,
제발 떨지 말라.
그대의 붓끝에는
맑은 물줄기가 솟아야 하느니,
순수가 여울져야 하느니,
하여, 오늘은 그대
제발 떨지 말라.

눈보라 속에서

갑자기 울고 싶었다.
종달새처럼
화사하게 노래하기보다는
저무는 하늘가 외딴 깃발처럼
그렇게 부서지고 싶었다.

우리네 얼얼한 숨결은
허리 잘린 반도에서
으슥한 해안에서
또한 바위틈에서
구겨진 파도 그 안간힘이다.

정말 미치도록
바람으로 나부낌을 사랑하며
물결로 출렁이는
눈물의 갈피를 넘기며
씽씽하게 살고 싶었다.

연꽃일기

—여고 제자들의 졸업식장에서

기다림 속에 피었구나.
아름다운 꽃이여
2월에 핀 연꽃이여

푸른 하늘, 풀내음도 모르고
밤늦은 불빛 아래
젊음의 계절을 보내더니

무더운 여름 땀 냄새
날아드는 모기떼를 쫓으며
안으로만 아픔을 삭이더니

꽃그늘 단풍산도 못 보고
책상에만 앉아
별빛 고독을 실어 보내더니
이제 어엿한 숙녀가 되었구나.

떠나는 모습을 보며,
뿌리 내릴 진흙도 아니었으면서

목마를 때 이슬비도 아니었으면서
바람처럼 서성이던
내가 미안하구나.
미안하구나.

소크라테스의 호곡(號哭)

독즙을 마시던 날의 아침에도
태양은 밝더이까?
그날 그 아침에도
악법 또한 법이더이까?

침침하게 흐려오는 눈동자에도
환한 대지가 보이더이까?
그때 그 대지에
크산티페의 얼굴이 보이더이까?

비틀리는 사지에도
바람은 여울지더이까?
그때 그 바람에
아테네의 정신이 펄럭이더이까?

그대의 가슴 멍울진 가슴에도
물소리가 들리더이까?
멜레토스의 혀끝 숨겨진 소리가
이명으로 들리더이까?

소크라테스여, 목젖을 울리는 그대의 진한 피울음을 만지며 통곡하나니, 진실을 위한 진실의 소리가 귀를 먹먹하게 하나니, 그대의 분명한 판단이 경련을 잠재워 다시 깨어나나니, 사계의 순환이 어길 수 없는 것이듯이 운명임을 아나니, 그러면서도 한번쯤 두 손을 흔들며 가슴을 펴나니, 그대의 영혼아! 식은 육신에서 벗어나 뜨거운 정신을 보일지어다.

악법도 법이라며 죽어간 그대도 그대에게 '벌'을 준 판관에게는 "아테네 사람들이여"라고 불렀나니, 진실을 밝혀 그대에게 무죄를 투표한 판관에게 그대는 "재판관이여!"라고 정색하며 불렀나니, 당시의 법으로 판관은 모두 같은 판관일진대 그대는 또한 구분하여 불렀나니, 그렇게 구분하여 부름이 아직도 얼얼하게 느껴지나니, 진실을 구분하려는 그대의 의지가 여울지는 소리로 남았나니, 진리의 맥박이 아직도 들려오나니.

당신이 마신 독즙을
오늘의 우리도 마셔야 합니까?
그때 그 독즙처럼
웃으면서 마셔야 합니까?

그때 찾은 정치가의 무지함을
오늘의 우리도 받아들여야 합니까?
아뉘토스의 그 교활을
기꺼이 받아들여야 합니까?

그때 시인들의 몽매함을
오늘의 우리도 참아야 합니까?
아리스토파네스의 어리석은 협잡을
아직도 참아야 합니까?

당신이 쓴 죄의 너울을
오늘의 우리도 써야 합니까?
그때 그 무죄를
주장해선 안 됩니까?

소크라테스여! 그대는 둔한 말을 깨어 있게 하기 위하여 한 마리의 '등에'가 되겠다고 했나니, 아테네에 달라붙어 하루 종일 아테네 사람을 깨우고자 했나니, 어디든지 따라가서 아테네 사람들을 설득하고자 했나니, 자기 목숨을 버려서 아테네 사람들을 깨우치고자 했나니, 그대의 혼백아! 오늘의 하늘에도 뜨거운 바람으로 불지어다.

소크라테스여! 오늘의 우리에게도 그대와 같은 등에가 필요하나니, 둔한 말을 깨어 있게 하기 위하여 필요하나니, 몸집이 크고 혈통이 좋은 말을 깨어 있게 하기 위하여 등에가 필요하나니, 어둠을 밝히기 위해 깨어 있을 등에가 필요하나니, 그리하여 등에가 되고자 하는 모든 등에에게 그대여 휘파람을 불지어다.

소크라테스여! 수많은 등에가 그대의 눈물처럼 사라졌나니, 조국을 깨어 있게 하려다가, 자유를 지키려다가, 민족을 사랑하다가, 부정을 참지 못하다가, 진실을 밝히려다가, 등에의 직분을 다하려다가, 말꼬리의 둔탁한 놀림에 아픈 메아리만을 남기고 사라져 갔나니.

그대가 마신 독즙의 형벌은
오늘도 남아
피멍울진 상처로
아직도 남아

죄없는 손을 묶고
죄없는 입을 막고

죄없는 눈을 가리고
죄없는 목을 조이고

그대가 세운 진실의 깃발은
오늘도 살아
함성의 빛살로 아직도
아직도 살아남아

추운 세상에 싹이 돋고
추운 땅에 꽃이 피고
답답한 가슴에 숨통이 트고
답답한 사랑에 샘물이 솟고.

3월의 사랑

그대여 들으마.

빈손의 부끄럼이지만
할아버지 할머니의 가슴에서
울던 깃발
단심의 소망을 들으마.

기왕에 슬픔이라면
잔에 넘치는 눈물이라면
순정이라면

언제인가
가난한 뜨락
조국의 여윈 땅에
비단결 물보라로 수놓을 노래라면

그대여 들으마.

갓 피어난 민들레
바람결에 미소 환한 꽃불의
내 사랑아

포구(浦口)의 봄

파도에 씻긴 세월인가.

유년의 조약돌이 손짓하는 포구
찢어진 그물
사이사이 보이는 하늘이
떠나 있어 그리웠는가.

포구의 봄은
동백꽃 순정으로 벙그는데
해 저무는 서녘 바다
꼬막조개 숨어 있는 모래톱에서
추억을 찾으며 서성였다.

아직도 바람에 밀려
고백하지 못한 사투리가
물보라에 부서져
내사랑 내사랑 속앓이를 하는가.

수줍은 동백꽃이
가슴 설레어 꺼어꺽 울었다.

오죽(烏竹)

숲의 돌을 비집고
나섰다 하자.
시리도록 푸른 하늘 우러러
춤춘다 하자.

그러나 친구여
결 고운 노래
가슴 넘치는 피리소리를
그대는 모르리.

바람처럼 물결처럼
그리움은 솟지만
그리움의 능선을 넘어
달은 뜨지만.

그날의 외침이

습도를
잴 수 없는
할아버지 기침.
솔기 바른 옷처럼
곧곧이
보여주신
왜놈 순사의 맷자국은
진단서가 없다.
신음의
호진 냄새가
옥 밖을 나가
새소리도 뿌리던
그날, 그날의 외침이
오늘 다시
아지랑이처럼
어른거렸다.

디디울나루*의 봄

나루터 강가에 서면
이 땅의 마지막 겨울을 싣고
목선은 닻을 올린다.

옹이진 상처를 싸매고
삐그덕 노를 저으면
물살 갈피 따라 역사가 흐른다.

동학 함성이 들리고
신동엽 뜨거운 가슴이 숨쉬고
내 땅 우리 아픔이 넘실거려서
청둥오리 떠난 자리에
눈물은 여울로 운다.

나루터 강가에 닻을 내리면
마른 갈대 밑동에서
새순 돋는 소리 들리고

오히려 그리움은
물젖은 목선으로 떠 있다.

* 디디울나루 : 충남 공주시에 있는 나루로 곰나루보다 약간 하류에 있음. 곰나루 조금 아래에 '공주보'가 설치되어 있고, 그만큼 조금 아래에 디디울나루가 있음.

멍청도 봄 타령

—어떤 할머님 영전에

이어도에서부터
봄은 왔지만유.
물줄기를 휘날리며
봄은 왔지만유.
멍청도의 봄은
봄이 아녀유.
멍청도의 봄은
꿈이 아녀유.
멍청도의 봄은
눈물이여유, 슬픔이여유.

집이 헐리자 칠순의 할머니, 우리 할머니는 스스로 목을 매달았느니라. 무허가 건물이라며 강제로 철거되는 삶의 보금자리가 마냥 슬픔이라서 허리띠로 목을 매달았느니라. 돌아보고 돌아보아도 손때 묻은 내 집이 좋아서 칠순의 할머니, 우리의 할머니는 하늘만 빼꼼히 바라보이는 창틀에 목을 매달았느니라. 정든 곳 두고 갈 곳이 없어서 지난날이 허갈나게 슬퍼서 우리의 할머니는 스스로 목숨을 끊었느니라.

어이한대유.
할머니
이제 이 일을 어이헌대유.
이렇도록 눈 시리게 맑은 날에
할머니!
그럴 수가 있유, 그럴 수가 있유?
칠십 평생이
아이고 허물어지네유.
칠십 평생이
아이고 간 데 없네유.
할머니
어이한대유, 이제 어이헌대유.

목을 매달아 저승전에 가신 할머니는 캄캄한 그믐날에 그믐달 같은 은장도로 산목숨을 찾았느니라. 이놈들아, 이놈들아 산목숨이 죽은 목숨이니 정신차리라며 칼침을 놓았느니라. 살아생전 곧게 살라며 그믐달 같은 은장도로 시퍼런 불꽃을 세웠느니라. 가난하고 힘없는 자 돌보라며 그 긴 혀뿌리로 우리의 얼굴을 찾았느니라. 네놈들의 세상이 온전히 네

놈들의 세상만은 아니라며, 핏빛선 두 눈, 튀어나온 두 눈알로 세상을 향해 노려보았느니라.

멍청도의 봄은
콧물이여유, 한숨이여유.
멍청도의 봄은
죽음이여유.
멍청도의 봄은
봄이 아녀유 아녀유.
바람 따라 나비 따라 왔지만유.
꿈이런듯 왔지만유.
멍청도의 봄은
빈 가슴 아픈 가슴이여유.

4월의 사랑

비로소
그대 모습이 보이네.

수유리
숲 사이 돌아들면
자유를 기다리는 비둘기
울음소리 들리네.

내 잔일진대 받으리라던
그대의 슬픈 영혼이
물빛으로 일렁여
눈감은 사람아.

비로소 그대 말씀
의로운 사랑
목마른 소망이 보이네.

수유리
눈물이 넘치는 땅에 서면
함성이 뜨거워

가슴 여는 곳에 서면

어둠이
별빛을 잉태하는
4월의 꽃그늘에 서면

이미 그대는 가고
나 또한 가야할 바람 속에서
언제 다시
작은 지등을 켜랴.

부석사 입구에서

놀꽃이 피는데
불심이 너울져 흐르는데
고개를 숙여라,
마음의 가지 끝을 비우려면
머리를 들지 말라
북소리 둥둥 해거름이다.

부석사 입구에 이승의 휘파람이 아직도 불어, 엉킨 매듭을 풀며 건너뛰는 돌마다 지난 악업의 터럭을 떨구면서, 무거운 죄의 껍질을 겹겹 벗으면서, 풀잎이 될까나, 나무가 될까나, 산새가 될까나, 시냇물이 될까나, 이슬 방울이 될까나, 안개비가 될까나, 저녁연기 풀풀 날리는 저 하늘이 될까나, 부석사 입구에 늘어선 징검돌이 될까나.

달빛 젖는 노송에
합장하며 되묻는데
업을 씻어라.
욕심의 한 낱이라도
묻어두지 말라
오오 침묵의 설법이다.

환희령 사랑탑

1.
공주님은 꽃이었어요.
천만단애 벼랑길
아아라히 피어 있는
그래요, 한 떨기 꽃이었어요.
봄길 수놓는 진달래가 아니구요,
초여름 싸리꽃도 아니구요,
늦가을 단풍도 아니구요,
눈덮힌 겨울산 설화도 아니었다구요,
공주님은 꽃이었어요.
뜬구름 몇 잎 떠도는 하늘가
무지개로 솟는
그래요, 그 노을꽃이었어요.
멀리 있을수록
닿을 수 없는 노래로 남을수록
타는 가슴 달래며
공주 곁에 머무는 이슬일래요

2.

바람에 흔들려 춤추다가
그냥 떨어져 굴렀지요.
얄궂은 사랑 짝사랑 때문에
이슬은 굴렀지요.
구르다가 풀숲을 구르다가
자갈길을 구르다가
자작나무 고운 뿌리도 매만지다가
아, 뱀이 마셨다구요.
좋아요 뱀이 되어서
공주, 그대 온몸을 동여매는
한 마리 뱀이 되어서
그대 공주를 갖고 싶었지요.
공주님 사랑해요.
허망한 꿈일망정 그대를
몰라 몰라요 사랑해요.
열꽃이 되어, 열꽃이 되어.

3.

사랑하면 눈이 먼다던가요?
그대 아득한 사랑에
처음 만난 계곡에서
그대 사랑에 눈이 멀었지요.
섬섬옥수에 설레이다가
뛰는 가슴에 덩달아 두근거리다가
노을빛으로 물들어
속살 깊이 불태웠지요.
사랑이 타면 재가 된다던가요?
사랑의 재티에 눈이 멀어
맑은 물에 씻으려다가
더운 열꽃 식히려다가
구성폭포 물방울이고 싶었지요.
울며 웃으며 실성했는가,
맑은 물에 비친 공주님 치마폭
그 속에서 물방울이 되었지요.

4.

물이라는 것은 참 좋아요.
안개비로 흐르다가
빗방울로 후둑이다가
함박눈으로 풀풀 날리지요.
그대 사랑의 혼백이
그대 사랑 그리움의 혼백이
오늘도 떠돌다가
「공주탑」 탑신을 매만졌지요.
그리운 짝사랑이 한층이구요
불타는 꽃사랑이 한층이구요
애절한 눈물이 한층이구요
사랑 사랑 사랑이 삼층탑이지요.
이제도 못 다한 사랑을 부르며
아름다운 무지개를 꿈꾸며
사랑 사랑 손을 흔들며
삼층탑 푸른 이끼로 남을래요.

* 환희령 사랑탑 : 청평사 근처의 환희령에 있는 삼층 석탑. 공주를 짝사랑하다 뱀이 되어 물에 빠져 죽은 이를 위로하여 세웠다고 함. 일명 「공주탑」이라고 함.

하이비스커스 만세

장하구먼유.
정말 장한 꽃이구먼유.
그 쬐그만
섬
야자수 그늘 아래
파도가 찾는
산호초
그 은파의 섬
피지
피지에 핀
아름다운 마음의 꽃
하이비스커스
자랑스런 민중의 꽃
하이비스커스
한없이
장한 꽃이구먼유.

남태평양에 떠 있는 작은 섬나라, 잉꼬와 카나리아와 앵무새가 지저귀는 꿈의 나라 피지에서 「시티베니 라부카」 중령의 총칼이 지축을 흔들었느니라. 나라를 지켜야 할 총칼이 나라의 주인을 향하여 두 눈을 부릅떴느니라. 팔을 잡아 뜯고 눈을 후벼 빼고 입을 부수며 총칼의 행렬이 법 없이 피지를 휩쓸며 날뛰었느니라. 그리하여 잉꼬와 카나리아와 앵무새가 자지러지게 울었느니라.

무섭구먼유.
정말로 무섭구먼유.
그러나
섬나라 피지에서
아름다운 꿈의 나라 피지에서
수평선의 나라 피지에서
보여 준
하이비스커스 꽃은
장하구먼유.

「시티베니 라부카」의 총칼이 번득이는 마당에서, 총칼로 흔들리는 조국에서 피지의 법원은 쿠데타의 불법성을, 쿠데타의 무효성을 선언했느니라. 그들이라 해서 목에 칼이 들어가지 않을 리가 없고, 그들이라 해서 가슴에 총알이 들어가지 않을 리가 없지만, 그들은 가슴과 목을 내놓고 총칼에 맞

섰느니라. 남태평양 하얀 파도가 그들의 장송곡이 될지라도 그들의 신념이 꽃을 피울 것이므로, 하이비스커스 꽃으로 피어날 것이므로 그들은 싸울 수 있었느니라.

놀랍구먼유.
정말 놀랍구먼유.
포로를 잡아먹고
죄인을 잡아먹고
패전한 씨족을 잡아먹고
어린이를 잡아먹고
노인을 잡아먹고
이방인을 잡아먹던 그들이
그 쬐그만 섬나라에
그렇게 하이비스커스 꽃이
있다는 일은
얼싸 좋을 일이구먼유.
얼싸얼싸
좋은 일이구먼유.

「시티베니 라부카」의 총칼도 법원의 옹골진 기백에는 시들 수밖에 없었느니라. 또한 비폭력 비협조의 국민들과 가두에 나서서 시위를 하는 열혈 청년들에게는 총칼도 무디어졌느니라. 그리하여 피지에는 또다시 잉꼬와 카나리아와 앵무새의 사랑 노래가 울려 퍼지게 되었느니라. 그들이 가꾼 나무 바니안(Banyan) 아래에서, 그 거목 아래에서 손잡고 춤을 추게 되었느니라.

훌륭하구먼유.
참으로 좋구먼유.
은파의 섬
야자수 고운 꿈을 키우는
하이비스커스의 섬.
아름다운 산호초에 어리는
물보라의 부서짐으로
사탕수수 잎으로 얹은 이엉에
무지개를 띄우는 섬.
피지의 하이비스커스 꽃은
훌륭하구먼유.
참으로 장하구먼유.

봄의 환타지

봄날 아침엔
바람이고 싶어요.

영산홍
고운 가슴에
몰래 숨고 싶어요.

부끄러 부끄러워
말 못 할 사연일랑
청청 하늘에 뿌릴래요.

그래도
못다 풀은 열꽃일랑
봄비로 식힐래요.

아삼한 봄날이사
바람이고 싶어요.

5월의 사랑

맨 처음 아픔은
높은 곳을 향한 기도인가?
울음 우는 사랑인가?

버려져 슬픈 이름아.

그대는
떠도는 사랑을 안개비로 뿌리다가
망월동 눈먼 땅에서
다시 불타고 있는가?

그리움이란 그리움은
모두 모아
발돋음하며 타오르는 불씨

죽어서 다시 사는 사람아.

오늘
어지럼증에 떨며
그대 찾는데

역사의 강물은 도도하구나.
피리 소리로 별빛 부르는
그대 청청한 바람아.

사모별곡(思母別曲)

투명한 힘으로 뿌리 내리는
물가꾸기를 하면서
부끄럼 없는 일생(一生)이
그 속에 담긴 줄을 알았지.

가진 것 모두 잎으로 키우고
그것도 모자라서, 모자라서
속살 뜯어
샛노란 잎으로 키우고

빈 거죽만 남아서
속은 텅 빈 울림만 남아서
인고(忍苦)의 덧없는 세월만
가득 담겼으리니.

비바람 휘돌아
창문 두드리던 밤에도
고향 어머님은
부엉이 울음소리 들으셨을까.

질경이의 노래

푸른 수숫대로 설 수 있다면
바람에 사각이는 잎새
그 노래로라도
아픈 가슴 달랠 수 있다면

이처럼 땅에 엎디어
그리운 사람
그리운 사람 기다리는
눈물은 없었을지라.

까마득히 높은
미루나무로 설 수 있다면
까치집 다순 체온을
아, 사랑으로 감쌀 수 있다면

이토록 주저앉아
그리운 이름
그리운 이름 부르다 밟히는
고통은 없었을지라.

먼 하늘 떠도는
떠도는 흰구름처럼
산 너머 산 너머 흐를 수 있다면
그리운 사람 만날 수 있다면.

부끄러운 고백

—스승의 날에 카네이션을 받고

너희들이 꽂아준 카네이션이
가벼운 홍분과 감격을 묻으며
비수같이 가슴을 찌르는구나.
눈빛 초롱한 너희들에게
나는 무엇이었더냐.

너희들의 기쁨이
내 기쁨이었더냐.
너희들의 아픔이
내 아픔이었더냐.
너희들의 꿈이, 절망이,
내 꿈, 내 절망이었더냐.

너희들이 꽂아준 카네이션에
속으로 울며, 울며
반성의 눈물을 흘리며
돌아서 다시 또 생각해도
그냥 울타리일 뿐이었구나.

고가(古家)

싸리꽃 흐드러진 한 마장길
두근거리는 발치에
추억처럼 옛집이 앉아 있다.

박꽃 이우는 밤새
별이랑 달이랑
다정이 서러워 흘린 눈물이랑
오호 싹터 자란
마음들이었을까.

사립문 성긴 틈으로
불빛이 서성이고
참죽나무 가지 끝 액매김한
종이연 하나
아픈 몸짓인데

지칠 줄 모르는
울음
부엉이 울음소리.

아내에게 · 1

잠든 그대의 얼굴을 보며
평화가 깃든
그대의 얼굴을 보며
별빛일사 눈물이 납니다.

월세살이 눈물짓다가
전세살이 한숨 쉬다가
이제사 쬐그만 아파트 장만하고
두 아이와 함께
나란히 누워 자는 그대.

무슨 꿈을 꾸는가?
창밖엔 밤비 후득이는데
어둔 밤 장대비 쏟아지는데
잠속에서도 웃는 그대.

아픔도 지나면 꿈이런가.
슬픔도 지나면 꿈이런가.
평화가 깃든 그대 얼굴을 보며
왠지 서러워 눈물이 납디다.

나무이식

플라타너스 짙푸른 잎사귀를 보면서
떨리는 눈썹을 가눌 수가 없어요.

앵두나무 살구나무 토종박이 나무들이
오밀조밀 심어진 동산에
한 그루 플라타너스를 이식하고
거름 주어 가꾸면서
화평한 꽃그늘을 기대했는데,
이식된 플라타너스 투박한 발치에서
시름시름 야위는 열매며
삭정이로 변하는 핏줄을
다시 한 번 소생시키기 위해서는
울울창창 곁가지를 자를까요?
뿌리째 송두리 뽑을까요?

꿈에도 바람결로 다가서는
토종박이 나무들의 순정한 얼굴들이
눈빛만은 아직도 정정한데요,
아직은 멀쩡하게 살아있는데요.

6월의 사랑

하늘이 시려워
촛불 켜는 영혼아

원추리 노란 꽃등을 걸고
오늘도 울음 우는
동작동

산바람을 맞으며
이끼 푸른 비목으로 그대 남아
불러도 그리운 이름으로
가슴에 남아

쑥꾹새 날밤을 새우듯이
울먹이며
비우지 못한 비련(悲戀)

그대 안식의 머리맡
약속의 땅에
향그런 종소리 울려

유월의 시린 하늘에
꽃구름으로 피어나는 사람아.

시방 나는
아직도 슬픈
그대 부활을 기원하네.

금강(錦江)

병들어 가고 있다.

백제의 가슴을 적시며
비단 올올로 이어진
내 사랑 금강(錦江)이
시름시름 앓고 있다.

동상인 듯,
화상인 듯
식은땀,
퍼런 멍

산업화의 깃발이 꽂힐 때
백제의 눈물이
청풍명월을 흔들고 있다.

아 언제쯤에야
이 가슴에 별이 뜨려나,
이 가슴에 달이 뜨려나.

현충일에

우리 동네 날품 파는 할머니
김말순 할머니는
육이오 때 서방님을 보내고
한숨 반 눈물 반으로
날밤을 지샜다던가.
문풍지 울리는 밤이면
님이 오시는가,
은비녀를 꺼내어 쪽머리를 매만졌다던가.
쓰리고 숨 막히는 가슴을 부여안고
아픈 세월을 되새겼다던가.

울음이 남새스러워
억지로 얼굴 펴고 사는 할머니
허리 구부러진
김말순 할머니는
유복자 하나를 길렀다던가.
꿈으로 사랑으로
보듬어 길렀다던가.

그놈이
등산가서 떨어져 죽는 바람에
울다, 울다 지친 눈가에
피눈물이 덕지덕지 붙었다던가.
오늘도 가슴을 여미며
국립묘지 오진수 일병 앞에
엎드려 우는
김말순 할머니는
님이 두고간 해 닮은 금반지를
무덤 앞에 내던지며 오열을 삼키는데,
아 바람이었다던가.
슬픔일랑 지나가는 바람이었다던가.
눈물일랑 흘러가는 바람이었다던가.
그냥그냥 아픔이었다던가.

비석을 쓸어안고
참았던 세월 속에
님의 마지막 젊은 모습이 보인다던가.
그리고 그리고
하얀 상자에

뼈덩이 세 개
부서진 사랑을 부르며
부서진 사랑을 찾으며
무너진 기다림에
엎어져 쓰러져 뒹굴며
실성실성 히죽히죽 한없이 웃었다던가.

우리 동네 날품 파는 할머니
김말순 할머니는
보훈가족에게 돌아오는 유족연금이
님의 살을
조금씩 조금씩 베어 주는 것 같아
님의 뼈를
조금씩 조금씩 부수어 주는 것 같아
하얀 봉투가
젖어젖어 해어지도록 눈물이 나온다던가.

오늘도 어김없이
국립묘지에서 만난
김말순 할머니는

무덤 앞에 꽃을 놓고 슬피 우는
김말순 할머니는
야속해, 야속해, 그 님이 야속해서
죽어 저 세상에 가도
찾지 않겠다던가.

저 세상에서 다시 만나도
야속해, 야속해서 아는 체도 않겠다던가.
비틀 비틀걸음으로 일어서서
서쪽 하늘 지는 노을에
하염없이 녹아내렸다던가,
우리 동네 김말순 할머니는.

대전의 눈물

—1987. 6. 10 현장에서

시민은 어슬렁거리고
좀 떨어져서 서성거리고
매운 연기 속에
동생을 놓아두고
자녀를 놓아두고
눈물인지 콧물인지 모를
친구의 함성을 놓아두고
시민은 어슬렁거리고
좀 떨어져서 서성거리고

나도 처음엔 어슬렁거리고
울타리나 되자며
그렇게 서성거리고

직격탄을 맞아
눈밑이 퍼렇게 멍든 은옥이
그 얼굴을 바라보면서
그 매운 연기 속에
가녀린 여학생의 몸으로
눈물을 뿌리며 함성을 지르는

제자 은옥이의 마음을
달래지도 못하며
나도 처음엔 어슬렁거리고
부러진 태극기를 흔들며
그렇게 뒤만 따라 서성거리고

서너 살의 애기가
눈물을 흘리고.
엄마의 매운 가슴에
매운 눈을 비비며
비벼도, 비벼도 매워서
콧물을 흘리고
아무것도 모르는 애기가
내 아들만한 애기가
파란 하늘 아래
매운 연기를 마시며
눈물을 흘리고,
그렇게 콧물을 흘리고.

고희의 언덕을 넘었음직한

할아버지 한 분이
눈물을 흘리고.
대전 중앙통 한 자리에
그냥 앉아서
눈물을 흘리고
함성에도 흔들리지 않고
최루탄에도 흔들리지 않고
고희의 언덕을 훨씬 넘었음직한
그런 할아버지가
대전 중앙통 선병원 앞에서
고스란히 앉아
눈물을 흘리고,
매운 연기를 마시며
그냥 그렇게 눈물을 흘리고.

가슴에 흐르는 함성이
눈 시린 하늘에
맴돌아 물결을 일으키고
물살을 일으키고.

대전 시민은 나와서 서성거리고
아직 태우지 못한 마음을
달래며 서성거리고.
아직 사루지 못한 가슴을
다독이며 서성거리고
아픈 연기의 기억을 흩뿌리며
그냥 그렇게 서성거리고
선회하는 날개의 그림자를 따라
그 아래에 모여
거기서 그냥 서성거리고.
그들의 눈에서
마하트마 간디의 입술이
살아 나오고,
그들의 마음에서 마하트마 간디의
걸음걸이가 비척거리고.

나는 통곡한다.
대전은, 대전은, 대전이 아니다!
대전은 그냥 서성거릴 뿐이고.

대전이 어슬렁거리고 있다.
대전이 앉아 있다.
대전은
대전다와야 하는데
대전은
대전이어야 하는데
우리의 대전은 우리의 대전은
대전은 대전은 대전은
오로지 대전이어야 하는데
다문 입술을 풀면서
나는 대전을 대전을 통곡한다.

통곡으로 녹는 가슴이 있다
통곡으로 움트는 새싹이 있다
통곡으로 자라는 잎새가 있다
통곡으로 꽃피는 사랑이 있다
부러진 태극기에 무지개가 서리고.

눈물의 사회학

무너지는 마음의 둑을 잡고
엉엉 울어 보십시오.

M형(兄)이 민주서울의 영등포 지하철역을 나서는 중이었더니라. 같은 또래의 젊은이가, 깔끔하게 생긴 청년이 가방을 검사하자고 했더니라. 맑은 하늘 푸른 하늘 아래에서 낯도 코도 모르는 청년이 가방을 보자고 했더니라. 민주서울의 한복판에서 가방을 조사하자고 했더니라.

열꽃으로 피는 헛소리를 꺾으며
엉엉 울어 보십시오.

민주서울의 영등포에서 M형(兄)은 낯도 코도 모르는 젊은이의 신분을 물었더니라. 도대체 무엇하는 젊은이이기에 민주의 푸른 광장 서울에서 남의 가방을 열어야 하는가를 물었더니라. 상기되는 얼굴색을 고치고, 정색하며 물었더니라. 거역의 핏줄을 감싸며 정색하며 물었더니라.

멍멍한 이명의 분노를 재우며
엉엉 울어 보십시오.

낯모르는 젊은이는 민주서울의 민주경찰이라는 소리였더니라. 그래서 M형(兄)은 그들의 신분증을 제시하도록 요청했더니라. 그러자 그 청년은 막무가내로, 「간첩신고소」로 끌고 갔더니라. 민주서울의 영등포역 구내의 「간첩신고소」로 끌고가 무작정 때렸더니라. 민주서울에서 M형(兄)은 빨래판의 빨래가 되어 민주서울의 민주경찰에게 시큰하고 묵지근하게 맞았더니라. 빨래야 때리면 맞아야지 별수 있느냐며 맞았더니라.

가슴 찢어지는 여울목을 지키며
엉엉 울어 보십시오.

M형(兄)의 가방에는 죄될 것이 없었더니라. 화염병도, 불온전단도, 경찰비방의 먼지 조각도 없었더니라. 그러자 마구 두들기던 그들이 M형(兄)을 회유했더니라. 민주서울에서 민주경찰에게, 아무리 사복을 했을망정 신분증 제시를 거부하는 것은 구타죄에 해당하니 그냥 가라는 것이었더니라. 딴소리 하다가는 더 맞을까봐 M형(兄)은 참고 또 참았더니라. 그러나 왠지 모르게 솟아나는 눈물이랑, 왠지 모르게 허전한 가슴의 공동이랑, 왠지 모르게 자라나는 잡초의 엉키는 힘이

온몸을 휩싸더라는 것이니라.

몸서리쳐지는 하늘의 꽃자리에서
영영 울어 보십시오.

이별에게

보내고 그리워하는
이별이
슬픔만은 아니라고

흐린 눈앞에
설핏 보이는 사람

그래도 눈물로
아름답던 추억이 뿌려지고

그것은 꽃이 되고
나비가 되고
바람이 되어

덧없이 부서져 슬픈
이별을
향내라네,
사랑이라네.

7월의 사랑

아름다운 영혼은 어디 있는가.

어둠의 긴 세월
기다리다 눈이 멀었다.
기다림의 허물을 벗으며
못내 설워 울었다.

손꼽아 기다려도
「모시수건」을 들고 기다려도
「청포도」의 님은 오지 않고
더욱 먼 곳에
환영으로 웃고 있는 그대

사랑은 기다리는 사람의 몫인가

슬픈 노래가
7월의 하늘에 사래치는데
우리 이날에사
어느 항구로 떠나는가.

눈물은 쪽풀로 푸르고
그래서 더욱 아픈 하늘
덧없이 보낸 세월이 여울져
빈 가슴에
넘치는 그리움아.

사랑가

석류알로 벙그는
그리움일레.

그대 눈빛에
그대 이마에
내 기쁨이 맺힐레.

고운 이슬
아득한 꽃사랑

아 어쩌랴,
그대 떨리는 숨결을
신열로 까무라치는 열락을.

암사동에서

그때도 솔바람은 불었지.
깍지 세운 서까래 갈대 지붕에
노을은 아름답게 피었지.
가끔씩
휘도는 바람에
강물은 흩어져 물보라로 넘치지만
사연이 무르녹는 한강
내 사랑에도 솔바람은 불었지.

빗살무늬 토기에 하늘은 넘쳤지.
꿈으로 찰흙을 빚어
새벽강 오르내리며
물방울 고운 강물을 날랐지.
머리칼에
찰랑찰랑 넘치는 세월
그 세월의 오솔길에
버들낭자!
젊음의 눈빛도 타올랐지.

뛰는 가슴을 바람에 식히며
돌화살에 쓰러지는
토끼며 사슴을 잡았지.
돌작살에 파닥이는
송어며 빛깔 고운 잉어를 건졌지.
불타는 가슴을 바람에 씻으며
산기슭에 숨어 있는
산딸기며 산머루를 주웠지.

아직도 숯불은 이글거리는데
움집 두 기둥 사이
화덕에서 피어오른 모닥불은
여전히 타오르는데
한강변 암사동 외딴 지붕 아래
너울거리는 불꽃은
반만 년의 세월을 넘나드는데
아직도 못다 탄 생가슴
목마른 사랑이 서성이네.

돌 던지기

연못에 돌을 던지는 것은
재미있는 일이지요.
억새 깔끄런 바람이래도
한 아름 섞으면
흔들려 비틀거리는 물결이
더욱 재미있는 일이구요.

맞는 것은 내가 아닐 것이니
발목이 부러지든지
먹피를 사발사발 흘리든지
심장 층층 무너내리는 아픔이든지
지워지는 그림자일 게구요.

그러나 한번쯤 생각해 보면
돌을 던지는 쾌적한 손목에도
언제인가 돌아올 아픔이 있을 텐데

연못에 돌을 던질 때마다
어깨에 힘을 줄 때마다

당신의 얼굴로 떨어지는
물방울의 눈동자를 보시지요.
두 눈이 시퍼렇게 살아 있음을
다시 한 번 살피시지요.

뒷목의 기도

버려진 자들을 돌보신다는
우리 하나님
당신의 두 눈은 언제 뜨시렵니까?
당신의 두 귀는 언제 열으시렵니까?
모두 거두어 가고 남은 자리
빈 쭉정이 사이에
그래도 남아 있는
속 찬 낟알들이 있는데,
소쩍새 서글픈 노래를 견디며
뿌리 내리고 쑥쑥 자라나서
한 알의 희망을 겨냥했는데,
그런데요, 하나님
인정 많으신 우리 하나님
수많은 낟알들이
부푼 꿈을 간직한 낟알들이
누군가의 발에 채이고
누군가의 발에 밟힌 채
당신을 찾고 있는데,
거두어들일 당신의
귀한 숨결 소리를

발치 올려 기다리며
논바닥 찬서리를 맞으며 찾는데,
혼자만이 아니고
혼자만의 설움이 아니고
이 세상 구석에서
저토록 당신을 외올쳐 부르는데,
버려진 자들을 돌보신다는
우리 하나님,
당신의 눈을 뜨고
당신의 귀를 열고
살피실 때가
지금이 아니십니까?
바로 지금이 아니십니까?

아프리카(AFRICA) 별곡

장작불을 태우며
활활 태우며
네 얼굴 내 얼굴
불살라 먹으며
까뻬야 꼴라 까프시야 낄라
깨쌔끼뜨 쭈껴 뻬려
까뻬야 꼴라 까지리야 낄라
깨쌔끼뜨 빠까 뻬려
달빛 아래 춤추며
너울 춤추며
내 엉덩이 네 엉덩이
덩실 춤추며
밀림의 가운데에서
북소리는 흐르고
둥둥 둥둥둥 두두두두둥
여린 가슴 저미며
북소리는 흐르고
둥둥 둥둥둥 두두두두둥
흰둥이 하나 잡아먹고
북소리는 흐르고

둥둥 둥둥둥 두두두두둥
나무숲을 헤치며
풀잎 헤치며
진흙탕 늪지대
더듬더듬 헤치며
까토야 뚜리 까띠리마 푸치
까뿌찌마 뛰지티께
까토야 뚜리 꼬찌라짜 푸치
까뿌찌마 쏴쁘티께
달빛 아래 빙빙 돌며
창을 들고 빙빙 돌며
네 사랑이 내 밥이여
내 사랑이 네 밥이여
흐린 강물 진흙탕에
악어떼가 기어가고.
둥둥 둥둥둥 두두두두둥!
새운 이빨 드러내며
악어떼가 지나가고.
둥둥 둥둥둥 두두두두둥!
애미 애비 자식 먹고
둥둥 둥둥둥 두두두두둥!

8월의 사랑

차라리 꿈일진대
결 고운 영혼으로 남으리.

그대가 밟고 간 땅에
아직도 바람은 불어
봉선화 고운 꿈 부푸는 땅에

그대 다시 찾아
오호 다시 만남은
천상에 오르는 기쁨이리.

옷자락에 묻어나는 향내
어미의 가슴에서 피어나는 꽃내
하여 그대는
생명의 신비를 빚고 있는가.

나락의 고통에서
우리를 건져 올릴 그대여
이제 눈빛으로
봉선화 씨방을 터뜨리는 그대여

그대의 손길이 있을진대
아픔도 사랑이리,
슬픔도 그리움이리.

그대 아주 오는 날
우리 하나 되어 엉엉 우는 날
조국의 하늘은
청청 시리도록 맑아
울어 행복한 나날이리.

성하(盛夏)

뜨거운 황톳길에
싱싱한 춤사위가 있었다.

그대 예비한 터전에
혼불이 일어나
아픔만큼 짙어지는
우리네 하늘을 찾아냈는가.

타오름의 깊이를 더하는
그대의 갈증이
아하 잃어버렸던
아하 놓쳐버렸던
우리네 메아리를 채색했는가.

물마른 시냇가
살아나는 웃음소리가 있었다.

홍도해변에서

바위틈 비집고
떼져 오는
관능의 촉수를
발가벗은 아이들이
움켜쥐고 있다.

홍도의
매미소리는
바다색으로 푸른데
물풀처럼 늘어져 푸른데
헤살짓는 바람

구름의 흰 깃을 터는
갈매기가 부러운지
아이 하나
동그라미 그리며
하늘을 심는다.

되모시

—민족 지도자를 자칭하는 친일파에게

이혼하고도
처녀행세 하는 여자더러
되모시라 하더라.

언제나 그렇듯이
여자만이 아니더라.

종로며, 여의도며
제주까지 땅 끝까지
방송이며 신문이며
눈만 뜨면 보이더라.

주인이야
바꾸면 되지 바꾸면 되지
속살대며 웃더라.

그대는 달맞이꽃으로

목마른 사랑을 아는가.

가슴에 흐르는 이슬을 받아
오호 그대는
샘물처럼 냇물처럼
뜨거운 사랑을 적시며
꿈결에도 물소리로 나를 적시며

기다림을 불꽃을 깨우는구나.
무량의 세월을 손꼽아
메아리로 눈뜨는 사랑을
사랑하기 전엔 깜깜했던 길
이제 꽃불로 환한 사랑을
머리 풀어 밝히는구나.

그리운 이여
이제 거듭나서
이 산하에 다시 태어나서
내 강토 푸른 하늘을 기도하는
결고운 피리소리

애절한 꽃노래로
새벽의 창문을 두드리며

비로소 그대는
달맞이꽃으로 피어
먼먼 기다림
보고픈 한송이 꽃으로 웃는가.

사랑의 여로

—우주선 보이저 2호의 역설적 탐색

사랑의 숲은 어두웠다.
마지막 남은 숨결을 쓸어내며
아직도 먼 여로
어둠의 여울에 서서
별빛을 찾아야 하는가.
이마 위에 지는 갈증을 흔들며
사랑을 찾아야 하는가.

삐삐삐…… 제 1신
방향…… 제 항로임
태양을 뒤로 하고 순항중
속도…… 불감증
초속 17마일이나 느낄 수 없음
전면…… 소경의 색안경
어둠…… 어둠…… 어둠…… 어둠뿐임
삐삐삐…… 제 1신 끝.

사랑의 숲은 길었다.
어둠의 미로에서 눈물 흘리며
꿈처럼 몽유병자처럼

그리움의 미로를 헤매어야 하는가.
세월의 저 편
구겨진 하루를 접으며
쉴 곳을 찾아야 하는가.

삐삐삐…… 제 2신
시계…… 제로 상태임
여인의 가슴도 더듬어야 찾을 수 있음
촉각…… 차가움
너무나 오랫동안 사랑을 참았었음
물성…… 풍선과 같음
가슴이 아니고 엉덩이인 듯함
삐삐삐…… 제 2신 끝.

잊었던 사랑이 불붙었다.
여린 가슴에 물결이 일어
손 내어 잡을 수 없는
아픔이 일어
소리 없이 간직한 소망이
어둠 속에서

뜨거운 입김으로 녹아
무딘 가슴 설레게 하는가.

삐삐삐…… 제 3신
연료…… 사랑의 묘약
아직도 30년은 충분함
장치…… 직녀성의 입김
핵발전기로 식은 가슴을 데울 것임
추신…… 북극성인 듯한 별이 언뜻 보임
그래도 사랑을 쉴 수는 없음
삐삐삐…… 제 3신 끝.

이제 가슴에 평화가 있다.
눈물은 싫다.
슬픔은 싫다 싫다.
아픔은 싫다 싫다 싫다.
귀엔 듯 가슴엔 듯 음악이 흐르고
아가의 웃음 소리가 흐르고
아, 나는 평화의 꿈을 꾸는가.

삐삐삐…… 제 4신
전면…… 무지개
환상인가 여인의 육체가 떠 있음
관찰…… 자꾸 움직임
안개와 무지개가 겹쳐 보임
여인의 입이 여러 개임
여인의 젖꼭지도 여러 개임
삐삐삐…… 제 4신 끝.

별빛을 갈구하고 있다.
허망의 늪에서
싱그러운 살내를 찾아
뱀처럼 꽃뱀처럼 꽃뱀의 혀처럼
어둠의 늪을 헤엄쳐
까무러치는 열락 그 정수리를
까무러치게 물어뜯고 싶은가.

삐삐삐…… 제 5신
후각…… 사향
꽃내 꽃내 꽃내를 넘어섬

특질…… 섬유질
여인이 옷을 던지고 있는 듯함
아, 긴급사태 발생
여인의 배꼽에서 폭풍이 일어남
삐삐삐…… 제 5신 끝.

아직도 먼 길
어둠의 숲을 지나
별빛 우러를 수 있다면
물결 지는 사랑을 찾을 수 있다면
가도 가도 끝없는 길
방랑의 길은 기쁨일지라.
아직도 먼 길
어둠의 숲을 지나
별빛 우러를 수 있다면
물결 지는 사랑을 만날 수 있다면.

9월의 사랑

강물과 살아
강물이 되어버린 사람이여!

그대 가고 없음에
오늘사 마냥 그리워지고
그대가 비운 가슴에
강바람만이 물그림자를 흔드네.

그리움에 목이 메어
발길을 돌려도
그대 속삭임이 나를 부르네.

저문 날
죽지 터는 여울
아름답고 선선한 손사래에
9월의 밤은 깊어

사랑하노라,
진정 사랑하노라.
각인의 헛소리를 지르며

지다 만 몇 송이
달맞이꽃이 우네,
지는 달에 넋 풀어 우네.

강물과 살아
강물이 되어버린
내 사랑이여,
그대, 디디울나루의 소녀여!

한가위 엽신

느티나무에 달이 뜨면
가슴에는 별이 돋아라.
그리움의 꽃불을 터뜨리며
두근두근 발치 세워라.

구름에 달이 숨으면
초롱일사 눈물이 나니라.
강강수월래 강강수월래
꿈길에 어리던 치맛자락이
눈에 삼삼 젖니라.

그리움은 사랑인가
떠난 사람 그리워
먼먼 고향 그리워
한가위 달밤에 하냥 걸어라.

벌초를 하며

웃자란 슬픔을 낫질하며
삭신 저려오는
마디마디의 아픔을
진혼의 흐느낌으로 자르는데

추억의 강 건너
하얀 눈물로 지워진
발자국은
뻐꾹새 한 풀어
바람결로 쓰다듬는데

남의 땅에 떠돌며
원한의 눈시울을 적시던
할아버지 영혼이
이놈들
네 이놈들
오늘을 꾸짖어 풀머리로 서는데

싸리꽃 지천인 벼랑 위
이끼 다보록한 비목에

움트는 손짓
한 줌 햇살이 바라보고 있다

한마음 한자리에

—제24회 서울 올림픽을 기리며

풍악을 울리리,
멋을 보이리.
시작은 아니지만 기쁜 새 출발,
탈춤을 추리,
참 넋을 보이리.
우리의 잔치지만 세계의 향연

흰옷의 깨끗함으로 뜻겨움으로
사계의 꽃무늬로 비단무늬로
한 얼 한 민족이 다져온 이 땅,
가난하면 가난할수록
인고의 의지로 지켜온 이 땅,
어려우면 어려울수록
한마음 한뜻으로 살아온 이 땅,

해돋는 아침의 조용한 나라에
정의를 위해
인류평화를 위해
세계의 젊은 가슴이 모여,
에오라지 아름다운 강산에

자유 위해, 우정 위해
세계의 젊은 지성이 모여

오, 내 나라
굽이굽이 역사의 강역에
올림픽의 성화가 길을 밝히네.
오, 내 민족
육천만의 자랑스런 뜨락에
승리의 함성이 울려 퍼지네.
나와 너
그리고 우리, 우리, 우리
하나 되어 흔드는 감격의 손사래

백두산 천지 물결로 넘치는
이 함성,
한라산 해풍으로 갈기 세운
이 환호,
겨레의 얼이어라, 맥박이어라.
인류의 꿈이어라, 자랑이어라!

〈MBC 주최 올림픽전야제 낭송작품〉

별빛 시나위

—추석날 아침 산소에서

추석날 상석 앞에서
혼자 우는 할머니는
소리죽여 느껴우는 할머니는
풀 세운 한복이 구겨질까봐
어깨울음만 우는가.
상석에 떨어지는 눈물이사
이냥 지나온 세월을 떨구는데
아직도 미련은
타들어가는 가슴을 저미는데
"영감님,
왜놈의 발에 채이고
매 맞아 돌아가신 영감님,
이제 장독은 풀리셨남유."
잔 잡아 올리며
찰찰찰 인고의 세월을 바치며
잔속에 눈물을 흘리는데
향연에 서성이는 그림자
바람처럼 흩어지는 그림자.
첫날밤 머리를 풀며
부끄러운 옷고름을 풀며

구멍난 창을 병풍으로 가리며
흔들리는 촛불을 불어 끄며
술기 오른 입김으로
말씀하셨지.
아들은 열 명만 낳아서
더도 말고 덜도 말고
열 명만 잘 길러서
가업 잇는 자식
나라 지키는 자식
분복에 맞는 일을 시키자셨지.
영감님은
청실홍실 엮으며
더운 입김으로
귓볼을 간지르며
천년 만년 살고지라
다짐하셨지,
다짐에 다짐을 주고받았지.
삼삭이 지나
영감님은 잡혀가는데
독립군에게 군자금을 대주었다고

왜놈 순사에게 잡혀가는데
영감님은 꽁꽁 묶여가는데
하늘은 눈 시리게 맑고
소리개만 빙빙 날았지.
구름 한 점 없는 대낮
가슴에는 먹구름이 끼고
가슴에는 천둥이 치고
까마득 비상하는 소리개가 미워서
하얀 고무신을 내던졌지.
체모가 무엇이랴
양반이 무엇이랴
버선발로 내달아, 내달아
고샅길로 자갈길로 마구 뛰었지.
동네 어귀 솔밭에서
황토에 머리를 찧으며
애고애고 쪽을 풀며 울었지.
영감님은 돌아오셨지만
기어오다, 기어오다 지쳐서
젊은이 등에 업혀 돌아오셨지만
얼마나 채었는지

얼마나 맞았는지
신음소리만 애꿎게 토하더니
눈을 못 감고 돌아가셨지.
신음 속에
"왜놈…… 으으음…… 왜놈들… 으으……
…왜놈…… 으으아 왜놈들……."
외마디 외침소리만 남기고
영감님은
젊은 영감님은
먼 길을 떠나셨지, 별이 되었지.
칠성판을 잡으니 소용이랴
상여줄을 잡으니 소용이랴
너울너울 상여는 멀어져 가고
주저앉아 흘리는 눈물 사이사이
싸락눈만 흩날렸지.
눈물로 묘역을 돌아보며
더욱 서럽게 돌아보며
숨죽여 느껴우는 할머니는
아직도 세월을 더듬어
인고의 늪을 서성이는가.

"영감님
왜놈의 발에 채이고
매 맞아 멍든 아픔만큼
청상의 아픔 역시 고통이었어유
뼈를 깎는 세월이었어유."
옷깃 여민 손을 풀어
가슴에 맺힌 한을 풀어
봉분을 어루만지는 할머니는
아직도 쏟아지는 눈물로
아직도 살아나는 오열로
봉분을 적시는데
흐흑흑 봉분을 적시는데
기러기 한 마리 북녘을 날고 있다.

10월의 사랑

—한글날 아침에

님이여 어서 오소서.

시방 넋을 팔아넘기는
낯선 글자가
아이들의 가슴에서 웃습니다.

님이여 싸게 오소서.

이 땅에 태어나
그리움의 숨결을 가꾸는
모두의 본디 맘이 일어섭니다.

님이여 얼랑 오소서.

사랑을 묻어 감추는
눈 먼 글자가
젊은이의 앞을 가리고 있습니다.

님이여 퍼뜩 오소서.

샘물로 흐르는 맑은 소리
꽃다지 간지르는 설렘이
우리말 우리글을 노래합니다.

님이여 날래 오소서.

어둔 누리에
오직 님만이
빛입니다 생명입니다.

님이여 제기제기 오소서.

들국화

살포시 눈웃음 짓는가.
앵도라져
여린 가슴 물보라로 넘치는가.

꿈길에도 못 잊어
그대, 그대 외올쳐 불렀나니
절절한 슬픔을 건너
메아리로, 메아리로 찾았나니

다시 만나서
꽃가지 꺾어 눈빛 모아
다순 정 나누매

아침을 빚기 위해
어둔 밤 지새는 고독이었어라.
사랑을 맺기 위해
꽃잎 떨구는 아픔이었어라.
그대 그리운 바람이었어라.

어머니의 초상(肖像)

절구에 고이는 훈훈한 모정
긴 세월 사오시라 굳은 손으로
천 날을 하루같이
덩더더쿵
시집 간 누이와 마주앉아
찹쌀가루 곱게 치시며 웃던 말씀은
정성이 부족하여 호박떡이 설었단다.
덩더더쿵
정화수에 별을 받고
당산에 기원하는 소복한 음성
리씨(李氏)네에 만복을……
리씨(李氏)네에 영화를……
덩더더쿵
부엉이 울음 속 갈기선 달빛 아래
세파(世波)에 그을은 절구를 안고
아 어머님 당신은 태평가(太平歌)를 찧으셨소.
덩더더쿵!

덕수궁(德壽宮)에서

빛이 만나는 그 자리가
왜 그리도 진했는지 몰라.
네 눈빛의 부싯돌로
가슴의 연한 조각을 불사를 때
소용돌이치는 산과 강
옛 순수의 법열에서
까맣게 영그는 너,
그 신비의 정수리에서
쏟아져 교우(交叉)하는
우박 같은 언어,
끝내 칼날을 삼키며
꺼진 화로를 지피고 있었다.

만추단경

1.
벼 포기를 움겨 잡으며
낫질을 하시는 아버지

잘린 벼뭇을 바라보며
지난 땀의 무게를 가누시는가.

푸른 하늘에 맴도는 어지럼증
가뭇없이 사라진
청춘을 바라시는가.

2.
서리 맞은 하늘은
눈 시리게 맑은데

멍석에서 고추를 자르시는 어머니
가위로 싹둑싹둑
아픈 세월을 자르시는 어머니

늘어난 주름살
인고의 한을 새기며
꿈이런 듯 꿈이런 듯 살아온 어머니.

여물을 썰며

버걱 같은 손으로 대어주는
볏짚의 세월을 자르며

천둥번개에 매 맞아 잠든
한숨을 자르며

고생하신 아버지
땀 배인 체온을 자르며

인습의 질긴 오랏줄
체념의 뿌리를 자르며

끊일 듯 이어지는
애절한 가락의 넋두리를 자르며

바람에 흔들리는
불빛을 자르며

꽃불로 일렁이는
인고의 아픔을 자르며

모두 주고 마지막 남은
아득한 사랑을 자르며.

사랑의 비망록(備忘錄)

1.
아침 놀꽃으로
그대 피어날진대
부리 고운 멧새로
나 울리라.

2.
그대 사랑한다는 말도
거짓일까
그대 미워한다는 말도
거짓일까.

3.
네가
바람이라면
나는
민들레 꽃씨.

4.
그대 용서하시게
사랑한다는 눈인사가
슬픈 진실임을
오늘 무릎 꿇고 고백하네….

5.
만나면
불붙을 수 있지만
헤어지면
불사를 수 없다.

6.
돌아서서 울어야 하나.
그대 창에 불이 꺼지면
가로등 불빛에
눈물은 부서져 별빛이 되고.

7.
슬픈 노래를
그대 부르신다면
아픈 연기로
나 타오르리라.

8.
도시의 빌딩 숲에
외로운 기도
그대와 함께라면
지옥도 좋아라.

9.
네가
바람이라면
나는
풍차의 날개.

10.
그대는 바람으로
몸을 풀고
그대는 바람으로
열꽃을 식히고,

11.
봄에 피어나
여름에 자라고
가을에 붉게 물들어
겨울에 하얗게 타는 사랑.

12.
지워지지 않는 그리움은
그냥 두자.
채워지지 않는 사랑은
그냥 두자.

13.
그리움을 태워
온 세상
차향기로 채우면
가슴 여는 사랑.

14.
빈 바다임을 깨달을 때
바다는 넉넉하다.
나 홀로임을 깨달을 때
그대가 있다.

15.
감꽃이 떨어진다.
실에 꿰어
그대 목에 걸면
어느새 그대는 낙랑공주

16.

파도와 함께
물새와 함께
바다와 함께
그리고 그대와 함께.

17.

꽃씨 하나가 떨어져
여린 잎이 돋고
고운 꽃이 피고
그 속에 그대가 웃고.

18.

사랑을 위하여
갈구하는 영혼을 위하여
후둑이는 폭우의 격정으로
너를 만나고 싶다.

19.
전화는 필요없다.
가시 면류관을 예비하며
고감도 그리움이
우리에게는 있잖니?

20.
내 몸을 네 몸에 덮어
네 언 몸이 녹을 수 있다면
죽어가는 목숨에
불을 켤 수 있다면.

11월의 사랑

나 이제 나서리.
백두 넘치는 물결로
그대 찾아 나서리.

가쁘게 길 가리는
진눈깨비를 헤치고
우울한 어둠의 지대를 지나
한배검 청랑한 정신을 보이리

서러운 마음으로야
버려서 그대까지 버려서
눈물젖은 평화를 누리고 싶지만

그대 기다린다면
동토의 족쇄에도 살아 기다린다면

아직은 얼어붙은 땅
사랑 따라
칼날도 무디어지는 법

참아왔던 오열을 터치며
한라의 바다 자락까지 휘돌아
춤추며 찾아 나서리.

아내에게 · 2

신혼 때 사준 코트,
유행 지난 코트를 입고 나서는
그대가 애처롭다.

물기 젖은 눈을 바라보며
"밍크 코트보다 좋아요.
사랑이 있어 푸근해요."
팔짱 끼는 모습이 애처롭다.

지하도 소녀에게 동전을 주며
"세상사 생각하기 나름이에요.
이래봬도 우리는 부자예요."
방긋 웃는 얼굴이 애처롭다.

마음을 비우지 못하고
그대의 인내를 바라보며
마냥 섭섭해 더듬거리는 내가
오늘에사 더욱 애처롭다.

고향을 그리며

서릿바람 이랑사이
펼치는 고향날개
깃은 풀어져 하늘가 숲속.

물기 그윽한 손으로
행주치마 섶 잡고
고독한 이파리로 눈을 메우며

아 어머님은
저녁이 머무는 우물가에서
호올로 사위는가.

어두움 밀리는 동구에
보고픈 그리움이
발을 구르는데……

등을 맞대고

눈을 뜨지 말아요.
등에 등을 맞대고 서로의
체온을 나누며
피곤한 가슴을 달래요.

생화(生花) 한 다발이
죽은 자를 위하여 잘리는
시퍼런 어둠 속에
아리아도네 질긴 눈물
끊기지 않는 사랑이 있어요.

등에 등을 맞대고 서로의
아픔을 나누며
뜨거운 호흡을 나누며
조용히 새벽을 맞아요.

우문현답(愚問賢答)

1.
시(詩)란 무엇이뇨
아름다운 꽃입니다.
시(詩)란 무엇이뇨
가시 속의 꽃입니다.

시(詩)란 무엇이뇨
향기로운 꽃입니다.
시(詩)란 무엇이뇨
칼날 속의 꽃입니다.

시(詩)란 무엇이뇨
취하는 꽃입니다.
시(詩)란 무엇이뇨
눈물 속의 꽃입니다.

2.

울림 : 시란 무엇이뇨?

시인(詩人) : 시라 하는 것은…….

(입고 있던 코트를 벗어 던진다.
옷도리를 벗어 말꼬지에 건다.
바지를 벗어 자루를 만든다.
넥타이로 줄넘기를 한다.)

울림 : 모두 벗음을 시라 하느뇨?

시인(詩人) : 시라 하는 것은…….

(환히 비치던 방안
서서히 어두워진다.
불두덩이 가까이 손이 내려간다.
확 잡아챈다.)

울림 : 그 아픔을 시라 하느뇨?

3.
하늘이 두 쪽 나더라도
나를 따르겠느뇨
(……)

땅이 반쪽 남더라도
나를 따르겠느뇨
(……)

가슴이 둘로 갈라져도
나를 따르겠느뇨
(……)

오호라, 모두를 주리라
나를 따르겠느뇨
(……)

12월의 사랑

바다로 떠나 물새가 된
사랑하는 사람아

애틋한 갈망으로
서설(瑞雪)은
멍든 세월을 감추는데

그리움이듯 눈이 내려도
바람 속에 내려,
내려서 쌓여도
표류하지 않으리.
다시는 슬퍼하지 않으리.

모래밭
지워지는 발자욱에
눈물을 묻으며
뜨거운 포말(泡沫)이 솟는데

지금쯤 그대는
침몰하는 추억을 간직한 채

어느 먼 하늘 아래
외로운 섬으로 떠있나

그대를 부르는 12월
입술 시린 밤에.

대전역

눈 내리는 대전역에 서면
가슴 서로 열고
친구이고 싶다.

나눌 사랑 없어도
같이 살아있음이
은혜일지니
축복일지니

눈 내리는 대전역에 서면
훈훈한 인정이 넘친다.

어머니 손길처럼
얼굴 묻으며 울던 품속처럼
까치 떼 우짖던
고향 어귀마냥 다사롭다.

탑을 허물며

뿌리 깊은 눈물로 세운
무거운 돌탑의 옆구리를
바람결로 쓰다듬다가
맨주먹으로 내리쳐
피투성이 부끄러움을 보다가
안타까이 발길질이나 하다가

온몸으로 부딪쳐도 끄떡 않는
돌탑의 곱상한 날개를
도끼로 마구 두드리다가
쓰러지지 않는 옹고집의 아랫도리를
흙 묻은 곡괭이로 마구 헤치며
눈물 반 웃음 반으로 흔들다가

새로운 탑을 세우기 위해
어제의 어둠을 씻으면
먹장구름 속에 숨어 있는
번갯불이 보이고
한바탕 소낙비가 내리면
지순한 열정으로 미움도 씻기고

그 아픔의 꽃힘이 바로
눈물이어야 하리
사랑이어야 하리
기쁨이어야 하리
희망이어야 하리
아무도 밟지 않은 처녀성
그 농밀한 가슴이어야 하리.

통일로(統一路)에서

이제 가자.
금단(禁斷)의 벽을 허물며
만장(晩章)의 아픈 역사
죽어도 서럽지 않은 기쁨을 찾아
이제 가자.
숙명의 오랏줄
통곡의 철조망을 끊으며
이제 가자.
겨울이 가면 봄이 오는 법
눈길을 따라
꽃길을 따라
금강(金剛) 수만 봉우리 찾아
백두(白頭) 신령한 샘물을 찾아
이제 가자.
결국 하나의 겨레
손잡고 분단의 장벽 허물며
이제 가자.
너무나 애태워 기다렸던 세월

찢어진 강토(江土)
오욕(汚辱)의 말뚝을 뽑아 들고
이제 가자.
우리 하나 되는 날
남북이 모여 얼얼하게 울음 우는 날
감격의 손사래 통일을 찾아
이제 가자.

당산굿

야스름 고개 내미는 그믐의 달무리는 운명하며 헤젓는 할아버지의 손짓이다. 풍랑에 시달린 닻줄의 울음이다. 송홧가루 날리던 두견이의 핏빛 사연이다.

용비늘 치키듯 스리슬슬 날으는 소지를 타고 화살로 꽂히는 축수의 주문들. 밤하늘이 파랗다. 박수무당의 손이 파랗다. 모여든 가슴, 가슴이 파랗다.

푸닥거리는 끝나고 공수가 멎을 때 발치에 비치던 어둠의 그림자는 밝은 후광이 된다. 까만 날밤에 어둔 길 밝히는 관솔불, 그리움이여, 반가운 만남이여!

서정적 자아와 역사의식의 조화

— 리헌석 시집 『어부슴』의 작품세계

최 원 규

〈시인, 충남대 명예교수〉

1.

리헌석 시인은 1970년 중반부터 문학 동인회 〈도가니〉를 창립하여 오늘에 이르기까지, 정열적으로 이끌어 오고 있는 지도력을 과시할 뿐만 아니라, 1982년 《시와의식》 을 통해 시인으로 문단에 데뷔하고, 이내 《월간문학》 에 평론으로 당선되면서 다시 그의 문학적 잠재력을 보여 준다.

한편, 첫 시집 『갈채의 숲』을 발간하고, 이어 시집 『네가

시인이라 하니』, 평론집『한국 현대 서사시의 신지평』등을 발간하여, 데뷔 이후 4~5년 사이에 중후한 시집과 평론집을 상재하는 강렬한 에너지의 분출을 지속한다. 이러한 그의 열정은 문학적 담론을 형성할 뿐만 아니라, 한해도 거르지 않고 '세미나(심포지엄)' 또는 '시낭송회' 등의 모임을 주도하고 있다. 가히 천부적이라 할 만한 리더십과 포용성을 보여준다. 내가 아는 한 어느 지역과 견주어 보아도 그만큼 지속적으로 활동한 사람은 사례가 드물다.

시집『어부슴』은 그의 세 번째 시집이다. 첫 번째 시집부터 세 번째 시집에 이르기까지의 시편에서는 대체로 존재에 대한 탐구와 자기성찰, 그것에서 연유되는 사회적 구조 속에 자아의 존재 이유가 무엇인가를 천착한다. 따라서 궁극적으로 자아는 타아의 존립으로 인한 휴머니즘이라고 할 때 그는『어부슴』시집 서문에서 밝히고 있듯이 〈나의 존재는 홀로만의 것일까, 수많은 나에게 베풀어짐과 아주 작은 나의 베풂 속에 있는 것은 아닐까, 그래서 나는 그리워하고 안타까워하며 사랑하기도 하는 것일 게다.〉라고 반문한다.

이것을 보면 개인의 정한과 자아를 둘러싸고 있는 타아들의 구성체, 다시 말하면 사회적 현실의 여러 복합체는 서로 하나의 새로운 유기체를 형성하고 조화되는 것을 거시적 입장에서 바라본다. 따라서 사르트르나 까뮈가 지향했던 실존적 자아를 휴머니즘으로 규정지은 것과 동일한 맥락에서 그의 시 정신을 찾을 수 있다. 시인의 정한을 기본적인 핵으로 삼되 그 표현에 있어서는 거시적 시각으로 가까운 이웃이나 먼 인류 전체의 범주 속에 수용된 자비나 인류의 소망을 조망한 것임을 알 수 있다.

이 시집의 표제시인 「어부슴」은 음력 정월 보름날, 한해의 액막이를 위해서 조밥을 강물에 던져 물고기가 먹게 하는 일을 뜻하는 말이다. 우리나라 민속의 세시풍속에서 '쥐불놀이'와 함께 행해지는 민속행사이다. '어부슴'은 불가에서 행하는 '방생'과 같이 목숨이 붙은 모든 생물을 살리는 자비정신의 발현에서 비롯된다. 민속상의 관례적인 행사, 즉 정월에 행해지는 민속행사를 표제시로 선정했다는 데에 있어서도 그 심층적 의미를 탐색해볼 필요가 있다.

이러한 탐색을 통하여 '어부슴'이 간직하고 있는 의미 속에 시집의 요체를 예측할 수 있다. 따라서 이 작품의 구성적 의도가 선명하게 드러난다.

첫째로 추운 겨울 강물이 얼어붙은 풍경, 둘째로 얼음 밑에 흐르는 강물, 셋째로 겨우내 굶주린 물고기의 허기진 동작이 보인다. 그런 가운데 누가 '어부슴'을 시작하여 시루에 익힌 조밥을 얼음벽에 작은 구멍을 내고 집어넣는 일을 한다. 그것이 자기 자신일 수도 있고 남이 한 일을 바라볼 수도 있다. 다만, 이러한 행위에서 시의식의 숨결이 표출된다.

시의 종결 부분에 이르러서는 겹겹이 설의문으로 처리한다. 반문적인 의문문이 삼행씩 중첩된다. 즉 ① "시린 손으로 살고 있는가?" ② "만족한 웃음을 웃는 자는 누구일까" ③ "그를 길들이는 자는 누구일까" 등에서 구어체의 역동적인 표현을 살리고 있다.

①에서 보여주는 '시린 손'은 굶주림에 처한 물고기들을 위한 자비스러운 손인데 그것은 자아(시인)일 수도 있고 타아일 수도 있다. 한편 ②에서도 자아와 타아, 그리고 물고기까지 합한 혼합체일 수 있다. 따라서 ③에서 그를 길들이는 자는 과연 누구일까에 와서는 자아에서 출발하여 타아로 전이되며, 나아가 하나의 새로운 우주적 질서나 존재를 형성하는 데 이른다. 요컨대, '정한적 자아의 사랑'에서 '인간애의 타아적 사랑'으로 시인의 시점이 크고 높게 전환한다.

2.

우리시의 전통적 이더스(ethos)는 정과 한이다. 익히 알다시피 고려에서 조선을 거쳐 초기 자유시에 이르기까지 우리 시가의 기저를 형성하고 있는 흐름은 '님'의 추구였다. 우리 근대시의 효시였던 육당(六堂)도 연시적 요소가 있었지만, 연시적 이미지를 조선주의와 결합하여 애국적 연시로 승화시켰다. 뿐만 아니라 우리 현대시의 기점적 역할을 한 만해(卍海)도 근대문학의 형성과 전개에 있어서 한국적 고유사상과 시대적 배경을 가장 분명히 파악하고 역사의식을 자각한 시인임을 부정할 수 없다.

이러한 맥락에서 볼 때 '어부슴'은 우리시의 전통적 역사의식의 수용으로 간주할 수 있다. 그러므로 만해적인 애정, 즉 자아적인 정과 한이 타아적인 정과 한으로 이어지는 흐름과 같다. 그리하여 휴머니즘으로 확산된 시정신의 기저가 그의 작품에서 발견된다. 따라서 우리 문학상의 전통적 수맥의 흐름으로 간주되는 역사의식의 자연스런 영향이라고 보아진다. 마치 만해의 '님'이 그의 시에서는 '그대'로 표현된 듯하다. 그러한 배경에는 국문학을 전공한 사람으로서의 의지나 사려가 깔려 있으며, 더 나아가 우리 시문학의 정체성 같은 것을 정립하기 위한 이론적 심취에서 영향된 것이 아닐까.

시집『어부슴』의 목차를 보면 월령시 즉「1월의 사랑」에서부터「12월의 사랑」까지 12개월의 월령 사랑으로 구성되었다. 매월 4~5편의 시로 짜여 있다. 일견 작품의 목차만 본다면 '사랑' 시집이다. 이 시집을 구성하기 위한 형식적인 목차의 순서가 아니라, 매 편 사랑의 의미를 다원적으로 탐색한 고도의 의도적 사랑의 정체 분석이다. 그러한 근거가 월령적으로 내재한 역사의식을 시사하기 때문이다.

이러한 사랑의 월령시는 다분히 역사적 맥락에서 파악될 수 있는 '우국과 조국애' '국토애나 민족의 슬기' '민주화의 갈망' '광복의 기쁨' '의로운 시인의 칭송' 등 우리사회에서 기념

될 만한 사건이 시의 제재가 되어 패트리어티즘을 노래한다. 그는 다분히 이 시대의 공동체적인 시정신의 기저가 되어 스스로를 성찰한다. 만해가 님을 노래함에 그 존재의 정체가 '나의 사랑'에서 '나라의 사랑'으로, 한편 '불타의 사랑'에서 '인류의 사랑'으로 확산되어 마침내 그 정체는 열모(悅慕)의 대상으로 집약된 것과 같이 '어부슴'의 세계도 그와 같은 맥락으로 파악된다.

정월에서 시작하여 동지, 선달로 마감되는 열두 달의 월령적 연가에서 보여준 '사랑'의 정체는 요약컨대 '나라사랑' 이다. 오늘날 흔히 볼 수 있는 다양한 시쓰기의 방법에 열중한 실험주의자들이라도, 다시 말해 '도시시'나 '해체시' 등으로 불리는 탈서정주의를 수용한 시인들이 놓치기 쉬운 것이 우리시의 주류나 중심적인 '맥'을 짚어 보아야 하는 일이다. 또한 역사의식에서 비롯된 정체성과 패트리어티즘을 시의식의 근저에 담아 두고 있어야 하는 일이다.

시집 『어부슴』은 자연스럽게 이러한 두 가지의 요소를 적절히 수용하면서 지식인으로서의 정통성과 시 의식을 소화해 내고 있다. 따라서 '우리가 살고 있는 삶이 그렇게 모순되고 혼란스러운가' 하는 점과 '현대 사회 속에서 진정으로 시인이 담당해야할 몫은 무엇인가'라는 명제에 대하여 답할 수 있는 요소를 그의 작품집 '어부슴'에서 여실히 보여준다.

그의 작품, 그의 시구 몇 개만 뽑아보아도 사랑의 의미가 선명히 드러난다. 가령 〈잠든 영혼을 깨우며 /떠오르는 /달빛이게 하라〉 〈가난한 뜨락 /조국의 여윈 땅에 /비단결 물보라로 수놓을 노래라면〉 에서 보여주는 바, '조국의 여윈 땅에 비단결 물보라로 수놓을 노래'라면 그것은 3.1만세의 물결을 말한다. 또한 〈수유리 /숲 사이 돌아들면 /자유를 기다리는 비둘기 /울음소리 들리네〉 에서와 같이 4.19의거의 젊은 희생을 노래하기도 한다. 한편 〈그대는 /떠도는 사랑을 안개비로 뿌리다가 /망월동 눈먼 땅에서 /다시 불타고 있는가〉 라고 외치며 5.18의 광주의거를 말하고, 그들을 '죽어서 다시 사는 사람'이라 찬탄한다.

〈원추리 노란 꽃등을 걸고 /오늘도 울음 우는 /동작동〉 이란 표현으로 6.25의 상혼을 그리기도 하고, 〈손꼽아 기다려도 /모시수건을 들고 기다려도 /청포도의 님은 오지 않고 /더욱 먼 곳에 /환영으로 웃고 있는 그대〉 라고 이육사의 피나는 옥고와 사무침을 노래하기도 한다. 「팔월의 사랑」은 〈나락의 고통에서 /우리를 건져 올릴 그대여〉 라는 구절을 통하여 광복의 기쁨을 노래하고, 「10월의 사랑」은 한글창제의 축복을 노래하고 있으며, 11월과 12월에서 동토의 민족의식을 표현한다. 마지막엔 상서로운 눈으로 겨레의 멍든 상처를 가린다고 표현한다.

요컨대 월령적 '사랑시' 의 전개는 세시적이면서 동시에, 민족사에 각인된 역사적 사건이나 사회적 충격을 그 제재로 삼았다. 그리하여 겨레의 가슴에 새겨진 정한을 풀어간다.

마치 12개의 핵이 분열을 일으키며 각각 4개나 5개로 증가하고 있듯이 세포분열 과정을 현미경으로 관찰하듯 기하급수적으로 증가시킨다.

작품집 『어부슴』은 네 개의 계절 즉 사계가 분명한 우리 국토의 날씨처럼 확연한 변화를 주면서도 마침내 봄, 여름, 가을, 겨울의 숙명적인 인과 관계를 여실히 입증한다. 마치 나누어진 시집의 목차가 장시(long poem)로서의 소제목과 같은 역할을 하며, 전체는 하나의 구성으로 짜임새와 통일성을 보여준다. 깊게 바라볼수록 다분히 의도된 관점을 책 속 깊이 묻어두었음을 알게 된다.

3.

나는 시집 『어부슴』의 구성에서 주요한 월령시의 사랑에 대한 정체성에 대하여 말하였다. 한편 그 자아의 정한이 우리 모두의 사랑과 아픔으로 확산된 시편들이었음을 확인하였다. 또한 그의 시에서 창작 현장의 디테일을 느끼게 하는 지명이나 인명을 보고 친근감을 느낀다. 가령 '유구천에서' '디디울나루의 봄' '멍청도 봄타령' '금강' '여물을 썰며' '대전역' 등이다.

〈마곡사 종소리가 겨울잠을 깨울건가/ 흐르는 마음에 무성산을 띄워〉(유구천에서), 〈동학함성이 들리고 신동엽 뜨거운 가슴이 숨쉬고〉(디디울나루의 봄), 〈백제의 가슴을 적시며, 내 사랑 금강이 시름시름 앓고 있다.〉(금강), 〈눈 내리는 대전역에 서면 가슴 서로 열고 친구이고 싶다.〉(대전역), 〈고생하신 아버지 땀 배인 체온을 자르며〉(여물을 썰며) 등 여기에서 열거한 시구들은 우리가 살아가는데 가장 가까운 이름들이다. 이들이 가장 가까이 있는 공간 내에서 바라보는 정한과 사랑을 노래한다.

그렇다면 그 정한이 서정의 극치로써 형성되어야 함에도 불구하고, 리헌석 시인은 타아의 정한으로 시적 범주를 구축하기도 한다. 「멍청도의 봄타령」에서 등장한 할머님의 독백은 '멍청도의 봄은 봄이 아녀유'라고 말하게 한다. 다시 말하면 이 땅의 가난한 할머니가 산업화의 물결에 밀려 판잣집이 철거당하는 현실의 비극성을 노래한다. 이러한 공동체로써의 불가항력적 현대사회의 부조리와 모순을 고발한다. 어찌 보면 자학적인 빈자의 넋두리거나, 아니면 지역차별적 발언일지 모르나, 우리 사회가 당면한 아픔이 아닐 수 없다. 리헌석 시인은 그런 아픔을 시로 형상화한다.

한편 「금강」에서 〈동상인 듯 화상인 듯 식은땀, 퍼런 멍 / 산업화의 깃발이 꽂힐 때 백제의 눈물이 청풍명월을 흔들고 있다 /아 언제쯤에야 이 가슴에 별이 뜨려나, 이 가슴에 달이 뜨려나!〉 라고 노래한 것처럼, 병들어가고 있는 우리의 자연환경을 우려하는 생태보전의 간절한 염원을 표현하기도 한다. 이러한 국토 훼손의 시각을 동상, 화상, 식은땀, 퍼런 멍으로 진단하며 자연환경의 파괴를 지적한다. 그러므로 이 작품 마지막 연에서 말한 〈가슴에 별이 뜨려나 달이 뜨려나〉 하고 하는 '가슴'은 나의 '가슴'이 아니라 우리 모두의 '가슴' 이다.

특히 감동적인 작품으로는 「여물을 썰며」이다. 〈고생하신 아버지 땀 배인 체온을 자르며〉에서의 '아버지'는 우리 모두의 아버지다. 마지막 연의 〈모두 주고 마지막 남은 아득한 사랑을 자르며〉에서 보여준 절창은 참으로 이 시대 우리 사회에 던지는 경종이 아닐 수 없다. 작두가 내려지며 여물다발이 일거에 잘라지는 광경은 시원하며 참혹하다. 벼 짚단이 일순간 퍼런 작두날에 잘려지는 이미지는 8연 2행씩의 구조적 형상화를 보여준다.

날렵한 작두날에 의해 잘려지는 감각적 이미지는 시가 아니고 달리 표현할 수 없을 듯하다. 아버지, 작두, 볏짚의 세팅에서 우리 모두의 아버지는 천둥번개에 매 맞아 잠든 한숨을 자르는 것이 아니겠는가. 요컨대 시인 리헌석은 고향 지향적 서정성을 사회와 역사의식 속에 용해하여 진정 시인이고자, 그의 뜨거운 시혼을 갈무리하고 있다.

4.

시인 리헌석은 시의식이나 시혼이 강렬한 시인이다. 시인이고자 하는 생각이 충만해 있고, 시인의 열정 속에 일상의 꿈을 꾼다. 그는 보통 사람들에 비하여 다감하고 정열적인 사람이라고 할 수 있다. 따라서 그는 내면적이며 본질적인 것에 깊은 이해를 하고 있다는 점에서 다른 사람과 차별성이 있다.

사물이 없는 곳에 마치 그것이 있는 것처럼 마음을 움직이게 하는 일이다. 그렇게 끊임없이 마음을 쓰고 있고, 깊은 생각에 젖어 있다. 그렇기 때문에 일상의 모든 현상을 있는 대로 바라보는 것이 아니라 정열을 다하여 자기의 마음속에 용해하고 그것을 다시 스스로의 시혼으로 다져 놓는다.

그는 때로 극히 평범하게 보이는 사물에까지도 감동한다. 민속적 세시풍속의 일환으로 행하는 일, 즉 '보름날 액막이'로 조밥을 던져 굶주린 물고기가 밥을 먹게 하는 일은 쉽게 보아 넘길 수 있는 일이다. 그럼에도 불구하고 그는 '누구의 어떤 선심에 감읍하며 시린 손으로 살고 있는가' 라고 반문하고 있으며 '굶주린 나의 허기를 지우며 만족한 웃음을 웃는 자는 누구일까' '또 그를 길들이는 자는 누구일까'라고 거듭 묻고 있다. 거듭된 현상 속의 본질적인 것에 대하여 천착한다는 것은 그의 시혼이 불타고 있기 때문이다.

또한 무엇이든 예민하게 수용한다. 일상으로 흐르는 「유구천에서」 마곡사의 물소리가 예사롭게 울려도 그것을 예사롭게 듣지 않고 '겨울잠을 깨울 건가'라고 사색한다. 이러한 자연현상이나 사물을 바라보고, 그로 말미암아 끝없이 고뇌하며 갈등한다. 이러한 모습은 그의 시 도처에 나타나 있다. 그는 이러한 시 의식, 즉 눈앞에 보이는 현상의 내면에 실재해 있는 근원적 존재에 대하여 지속적으로 그 실존의 의미를 파악하는데 소홀하지 않는다.

사실 만해 한용운, 이육사, 윤동주, 도산 안창호, 단재 신채호가 그들의 언어감각에 의한 시적 재능이 뛰어나기 때문에 그들을 시인으로, 우리 가슴에 새겨두는 것이라고는 생각지 않는다. 무엇보다 그들이 지니고 있는 열정과 시혼이 불타고 있기 때문에 우리의 어두운 주변을 밝게 빛내고 있는 것이라고 믿는다. 이러한 맥락에서 시인 리헌석은 일관된 시 창작의 균형감각과 이 시대를 바라보는 분명한 마일드스톤을 스스로 정립한 시인으로 평가된다.

그가 추구하는 '사랑'이라는 것은 너무 보편적인 테마임에도 불구하고, 그 정체를 자아의 체험 요소와 사회적 정체성으로 혼융하면서 새로운 휴머니즘을 정립하고 있다. 이것이 시 창작의 요체라 믿으며 충실하고 있다. 아울러 그의 문학적 장점은 우리의 고유 정서를 작품 속에 수용한다는 점이다. 요컨대 이 시대, 특히 우리 시에서 요구되는 자기의 정체성과 이웃의 아픔을 내 아픔으로 챙기는 휴머니스트로서의 시인적 사명을 굳건히 지키고 있다는 점이다.

그는 이 시대의 험난한 함정을 잘 극복해 가고 있다. 그가 지닌 천부적 시혼을 그의 문학적 열정이 굳건히 지탱하고 있다. 시를 사랑하는 정신이 누구보다 강하고 그것을 지속적으로 실천하는데 노력한다.

시혼이 불타고 있는 시인은 후천적 시재(詩才)로 얻어질 수 없다고 보아진다. 그것은 천부적이라고 본다. 나는 시인 리헌석을 누구보다 시혼이 충만한 시인으로 생각한다. 시혼의 충만을 위하여 순결한 정절을 지킬 것이라고 믿는다. 그는 이 나라의 시인 가운데, 그 누구보다도 사랑의 시혼을 가슴에 가득 채우려는 시인임을 확신한다.

어부슴

리헌석 시집

초판 1쇄 | 1990년 1월 30일
2쇄 | 2017년 1월 17일
지 은 이 | 리헌석
발 행 인 | 李憲錫
발 행 처 | 오늘의문학사
출판등록 | 제55호(1993년 6월 23일)
주 소 | 대전광역시 동구 대전로867번길 52(한밭오피스텔 401호)
전화번호 | (042)624-2980
팩시밀리 | (042)628-2983
전자우편 | hs2980@hanmail.net
카 페 | cafe.daum.net/gljang(문학사랑 글짱들)

공 급 처 | 한국출판협동조합
주문전화 | (070)7119-1752
팩시밀리 | (031)944-8234~6

ISBN 978-89-5669-797-0
값 9,000원

* 이 책은 교보문고에서 E-Book(전자책)으로 제작하여 판매합니다.